ÉTRENNES

AUX

AMIS DE LA TRANQUILLITÉ.

PRÉFACE.

L'époque actuelle, qui présente des ressemblances si frappantes avec celle qui précéda de peu d'instans la chute du trône des Bourbons, la domination sanguinaire des Jacobins et les égorgemens de la terreur; l'époque actuelle, qui ramène dans les esprits des souvenirs si douloureux, me détermine seule à publier les pièces suivantes.

Si je le fais, ce n'est donc pas, je conjure de le croire, pour me signaler comme poète, ni même comme versificateur; je n'ai aucune prétention à l'un ni à l'autre titre.

Mais chacun transmet les productions de son esprit ou de sa pensée comme il le peut et dans la forme qui lui paraît la plus convenable, ou si l'on veut la plus facile.

Ici, j'ai adopté la forme des vers; néanmoins,

pour des pièces de longue haleine, ce n'est pas celle que je choisirais toujours; je n'en dirai pas la raison afin de ne chagriner aucun amour-propre (*genus irritabile vatum*).

Quant à ces opuscules, que l'on peut considérer comme des fugitives, la forme en doit paraître sans conséquence. Seulement il me semble qu'au moyen de la mesure et de la rime, le public se trouve plus disposé à les lire.

Pourquoi, grand Dieu! faut-il que le souvenir des horribles catastrophes et des déplorables folies qui leur ont dans les temps donné naissance, ne soit pas aussi passager ?

Pourquoi faut-il qu'au lieu d'être à jamais oubliées, elles soient, bientôt peut-être, ramenées au milieu de nous avec des sinistres plus effrayans et des scènes plus épouvantables encore ?

Hélas! quelques soins qu'on se donne pour nous rassurer à cet égard, l'orage approche et gronde; la tempête est menaçante, et dans leur marche extravagante et désordonnée, surtout depuis la désastreuse mesure du trois pour cent. . . . .
. . . .
... les Gouvernemens, loin de nous tranquilliser,

semblent au contraire concerter et réunir leurs efforts pour ranimer les débris épars de la révolution, lui restituer toutes ses forces, et relancer sur le sol français le char sanglant de l'anarchie, destiné trop visiblement à prosterner de nouveau les trônes, et à ensevelir, sous leurs immenses décombres, toutes les monarchies à-la-fois.

En effet, peut-on ne pas frémir de terreur quand on voit les inconcevables aberrations de nos grands benêts de royalistes, qui, frappés de funèbres vertiges, applaudissent aveuglément à toutes ces constitutions blafardes et décevantes, si insolemment imposées aux peuples des îles d'Amérique, puis à la nation portugaise, puis bientôt à d'autres; quand on les voit surtout éclater d'un fou rire à chaque nouvelle annonçant quelque revers de Chaves ou de Sylveira, et se gaudir alors, comme faisaient ces bons libéraux de 1793, au récit d'un désastre éprouvé par Cathelineau, Charette ou Larochejacquelein; déplorable, mais inévitable résultat de la conduite si irconsidérée, si irritante, si nauséabonde des gens tenant, depuis la miraculeuse campagne de 1823, le timon des affaires, et des tergiversations dérisoires et maléficieuses auxquelles ils s'abandonnent si misérablement, hélas! et sans aucune espérance de retour.

Ah! que n'ai-je le pinceau de Petrône, la verve de Juvénal ou le burin de Tacite; mais surtout que n'ai-je moins de paresse! Je voudrais, par l'éclat, par la force, mais principalement par la hideur de mes tableaux, effrayer tous nos ignorans et si indiscrets prédicateurs d'innovations et de bouleversemens, et les faire reculer d'horreur devant ces principes de destruction et de mort auxquels sourient si niaisement tant de badauds abusés, et qui empoisonnent et dévorent notre siècle.

Les malheureux! Comment, instruits par l'expérience ou par les récits de l'histoire, ne savent-ils pas encore quels horribles destins ils préparent à eux et à leurs infortunés contemporains!

Ignorent-ils que les premiers, offerts en holocauste à l'impudique Déesse de la Liberté, ils doivent périr victimes de leurs excès et de leurs débordemens, soit dans le fond des glacières d'Avignon, soit sur les eaux de la Loire dans les bateaux à soupapes du républicain Carrier, soit enfin sur les échafauds de la place Louis XV, au pied de l'ignoble statue des Jacobins? Car si les révolutions n'ont jamais failli à dévorer leurs enfans, c'est toujours par le massacre des premiers coryphées que se signalent leurs fureurs.

Je ne puis que les avertir, et laisse à des plumes mieux exercées, moins stériles et surtout moins paresseuses, à leur présenter, sous des traits plus vigoureux, dans des cadres moins resserrés et d'une plus effrayante composition, tous les désordres de nos orgies révolutionnaires et de nos exécrables saturnales.

Puissé-je au moins par cet appel, que je fais aux écrivains généreux qui auront le courage d'y répondre, concourir avec eux à détourner les fléaux dévorans et les incalculables misères qui menacent la génération présente, si étourdie dans ses divagations politiques, si aveugle dans ses ambitieuses prétentions, si inconséquente dans ses aventureuses prédilections, si emportée dans ses opinions, si évaporée dans ses discussions, si maladroite, si inféconde dans ses argumentations et ses raisonnemens, enfin si profondément ignorante des événemens passés qui, en se reproduisant sous l'influence des vieux meneurs, ne manqueront pas de l'engloutir tout entière. Alors il faudra bien utiliser de rechef les cuirs humains, et que, préparés dans les tanneries de Meudon, ils servent une seconde fois à confectionner les bottes et les souliers de nos soldats, et même l'élégante chaussure de quelques nouveaux proconsuls*. Que le Ciel nous en préserve ! Mais....

*Nunc etiam fatis aperit Cassandra futuris
Ora, Dei jussù, non unquam credita Teucris.*

* Oui, Convention nationale, il y a eu à Meudon une tannerie de peaux humaines, et c'est à ton existence qu'on a dû une conception aussi monstrueuse ! Barrère, Vadier et autres, furent les premiers qui portèrent des bottes de cuir humain ; et, comme Paris fournissait des souliers aux armées, plus d'un défenseur de la patrie a pu être chaussé avec la peau de son père, de sa mère, de son frère, de ses parens ou de ses amis ! (*Historique.*)

(BRIGANDS DÉMASQUÉS. Londres, 1796.)

LA PÉTITION

DU 31 MAI 1793.

Qui ne donne carrière à son ambition ?
  Quel homme sage sur la terre
Qui sache prudemment demeurer dans sa sphère ?
  Dont la folle prétention
N'enflamme les vapeurs de sa tête légère ?
Écoutez tous ces gens : il n'est pour aucun d'eux

Pas un succès douteux.

Il faut bien qu'on en désespère;

Tant que l'univers durera,

C'est un mal dont jamais l'homme ne guérira :

Aucun ne craint le vent contraire.

Ce monde, quand j'y pense, à nous bien juger tous,

N'est-il pas l'hôpital des fous ?

A ces propos je me rappelle

D'un de ces étourdis la conversation;

Elle vaut bien qu'on la révèle,

Et peut, même en ce temps *, offrir une leçon.

C'était pendant l'horreur de nos longues misères,

Aux jours encor vantés des Collot, des Cambon,

Des Saint-Just et des Roberspierres;

Le misérable était brûlé d'ambition,

Et, sur l'heureux succès d'une pétition

(OEuvre du temps, d'audace peu commune,

Et que par ordre de Danton

Il devait réciter à la Convention),

Notre homme avait bâti sa rapide fortune.

Écoutons ses raisonnemens,

Dont se bercent encor beaucoup d'honnêtes gens.

---

* Comme cette pièce est fort ancienne, on a dû changer quelques vers.

« D'abord, pour réussir, il faut plaire au grand nombre,
» Et j'ai bien pour cela cet air farouche et sombre,
» Ce regard éhonté, digne d'un jacobin,
» En somme, le minois d'un vrai républicain ;
» Je plairai. De Danton l'abject et dur visage
  » Fit la moitié de son succès.
  » Le mien semble fait tout exprès ;
  » En profiter, c'est être sage.....
» La calomnie aussi me prêtera ses traits :
» C'est par elle aujourd'hui qu'on voit briller Barrère,
» Couthon, Fabre, Collot, Saint-Just et Roberspierre,
» Et ces mille brigands venus je ne sais d'où,
» Gorgés d'or maintenant, mais n'ayant pas un sou
» Lorsque l'ambition, l'impudence et le crime
» Les portèrent au rang de nos législateurs.
» Aussi bien qu'eux je puis à travers les horreurs
» Me frayer un chemin vers la publique estime,
» Et du bonheur ainsi parvenir à la cime.....
» Admis dans le sénat, de ma pétition
  » Je fais lecture avec emphase.
» Aux noms proscrits de Vergniaud, de Pétion,
  » Les tribunes sont en extase !
» Je ne vous omets pas, Barbaroux, Lantenas,
» La Source, Lanjuinais, Brissot, Buzot, Gorsas ;
  » Enfin la longue kirielle

» Des gens qu'*hommes d'État* aujourd'hui l'on appelle,
» Dignes de figurer dans nos fastes nouveaux ;
» Je veux que par mes soins il manque d'échafauds :
» *Je suis jeune, il est vrai, mais aux âmes damnées*
» *Le crime n'attend pas le nombre des années.*
» Mes brillans coups d'essai lasseront les bourreaux....
    » Ma pétition prononcée,
    » Je sors de l'auguste assemblée.
» Tout couvert de bravos, je cours à mon district ;
» Là, généreux Danton, guidé par ton esprit,
    » Je cabale, clabaude, crie ;
    » Je dénonce, je calomnie
    » Riche, voisin, ami, parent,
» Qui ci, qui là, tout m'est indifférent.
    » Coupable ou non, c'est mon génie,
    » J'emprisonne *ab hoc* et *ab hac* ;
    » Même en habile politique,
» J'accepte, en le flattant, la prise de tabac
    » Que m'offre, appuyé sur sa pique *,
    » Le septembriseur, l'assassin.
    » C'est ainsi qu'on fait son chemin.....
» Puis dans quelques écrits, bien noirs, bien sanguinaires,

---

* Tableau du temps. Il rappelle parfaitement la conduite des meneurs d'alors.

» Pour le peuple exprès faits révolutionnaires,
» En moi j'offre à ce peuple un nouveau défenseur,
» Digne en tout de Marat, digne de sa faveur.
» Je me fais remarquer, on m'accueille, on désire
» M'adjoindre à des travaux, des soins plus importans,
» M'associer aux Pache, aux Bréard, aux Bazire..... »
  Bref, parmi nos représentans,
 Notre étourdi croit déjà prendre place ;
Déjà les assignats vont effacer la trace,
 Le souvenir de son ancien état.
Il va vendre un décret pour avoir un contrat ;
Il achète une terre, il prend une maîtresse,
 Se fait servir comme un ancien prélat,
Quelquefois au sénat applaudit une adresse,
 Mène grand train, fait grand fracas.....
Mais, ô coup malheureux que l'on n'attendait pas !
 Triste et dure déconvenue !
Un décret de mépris et d'improbation
Est le juste et seul fruit de la pétition ;
On la met au néant, on la siffle, on la hue,
Et notre ambitieux fuit et gagne la rue,
Endossant, m'a-t-on dit, quelques coups de bâton.
 Que La Fontaine avait raison !
 Qui ne rêve pas sa chimère ?
Quel phénix ne se croit capable de tout faire ?

Au théâtre, aux salons, partout, à chaque pas,
L'un vous heurte, vantant son projet de finance,
    L'autre, bercé par la douce espérance
D'un triomphe éclatant pour son Agésilas,
    Que sans doute il n'obtiendra pas,
Déjà tout fier, s'érige en maître de la scène.
Nul encor comme lui n'a doté Melpomène ;
    Racine est dur, Corneille est mou ;
Molière invente peu, Crébillon n'est qu'un fou :
Lui seul va fixer l'art, au but a touché juste.
Aussi, le jour promis, quels bravos, quels éclats !
    Quels lauriers l'attendent là-bas !
On s'arrache son drame, on va graver son buste
Chez Barba, chez Dentu, chez Ponthieu, chez Colas,
    Que d'acheteurs ! l'un sur l'autre on se presse ;
    Tous les chalans n'en auront pas ;
Il faudra quatre fois faire gémir la presse.
    Le jour de gloire arrive, hélas !
    Le drame tombe avec fracas.....

De nos projets à tous ici je vois l'emblême ;
    Là c'est Perrette avec son pot de crême,
    Ici Jean Chouart et son mort,
Puis Guillot et son ours, et puis tel autre encor.
    Vraiment je ne finirais guère,

S'il me fallait signaler tous les fous,
Qui chaque jour s'agitent parmi nous,
Pour fixer auprès d'eux la fortune légère.
Ils ont rêvé trésors, finances, ministère,
Lauriers. Leur rêve fait, que sont-ils presque tous?
Trop heureux de planter leurs choux.

Sans doute pour pleurer ont déposé leur lyre.
 Lâche flatteur de tous venans ,
 La Harpe a prouvé que la sienne
 Ne peut plus enchanter nos sens ;
Son ode * a fait frémir les nymphes d'Hippocrène **.
A qui pouvons-nous donc adresser notre encens ?
A l'auteur de Gracchus : sa plume ensanglantée
 Ne peint , n'inspire que l'horreur.
Est-ce à tous ces auteurs de récente portée ,
 Pères obscurs d'ouvrages sans honneur,
D'informes avortons dont le néant s'empare
Aussitôt qu'ils sont nés , ou dont le goût bizarre
 Souvent pour satisfaire un public éhonté ,
Lâchement sacrifie à la grossièreté ,
 A la dégoûtante licence
 Qu'on nomme partout liberté ,
Un talent qui , plutôt, ami de la décence ,
Un jour pouvait cueillir un laurier mérité.
Ah ! qu'ils sont loin de nous ces temps où sur Zaïre
Voltaire nous forçait d'aller verser des pleurs :
Le bon ton, le bon goût animant les auteurs ,
Tous accordaient leurs chants à la brillante lyre

 * A la Liberté.
 ** L'histoire, l'inflexible histoire est là.

Le Conciliateur, les Femmes *,
Aux aveux du bon goût peut-être ont quelques droits.
Oui, de Molé la grâce ravissante,
De notre incomparable et sublime Conta
Le ton charmant, la finesse piquante,
Qu'on désire partout, qu'on ne trouve que là,
Et de Fleury l'inimitable aisance,
De tout véritable amateur,
Du vrai talent sincère admirateur,
Méritent la reconnaissance.
Mais dans ces temps d'orage et de calamités,
Ces talens qu'on chérit, mais si peu respectés **,
« Semblables à ces lys, honneur de la nature,
» Qui d'un riche parterre à grands frais embelli,
» Avec mille autres fleurs, autrefois la parure,
» N'offrent plus à l'œil attendri
» De son ancien éclat que le précieux reste, »
Dans ce siècle de sang, aux beaux-arts si funeste,
De leur naufrage, hélas! sont les tristes débris!....
Ils ont fui les talens qui nous charmaient jadis.
Dégoûtés du fatras qu'aujourd'hui l'on admire,
Lemierre, Blin, Delille et le brillant Bernis,

* Deux Pièces fort curieuses alors.
** On les emprisonnait.

RÉPONSE

A UNE PIÈCE DE VERS INTITULÉE:

AVIS

AUX DÉTRACTEURS DES ARTS.

(1793*.)

Oui, les arts, dans certaines âmes,
Font encore entendre leur voix;

* L'auteur s'efforçait de faire considérer comme détracteurs des arts ceux qui s'affligeaient de leur destruction journalière, ainsi qu'aujourd'hui on s'évertue à nous persuader que *les royalistes* portugais, insurgés contre une constitution illégitime, sont des *rebelles*.

Du vieux auteur de *Mérope* et d'*Alzire !*....
Portons ailleurs les yeux · nos Coustous, nos Vernets,
Quels nobles dons aux beaux-arts ont-ils faits !
Houdon plus que jamais travaille avec les grâces * ;
Mais rétablira-t-il nos chefs-d'œuvre brisés,
Ces marbres du Puget, outragés, renversés ?
Pictor est toujours là pour peindre les Horaces ;
Dites qu'il les a peints. Du goût fuyant les traces,
Il barbouille aujourd'hui d'ignobles libertés,
De plats sujets patriotiques **,
De ses pinceaux déchus productions étiques.
Pictor !..... Mais je retiens d'affreuses vérités....
Le bon emploi de l'art en fait seul le mérite.
Mandrin peut-être eut du talent,
Et Mandrin ne fut qu'un brigand....
Approuvez donc en moi la crainte qui m'agite,
Et cessez d'appeler détracteurs des beaux-arts
Ceux qui, pleurant sur leur gloire détruite,
Voudraient revoir ici flotter leurs étendards.

* Deux vers de la pièce à laquelle on répond ici.
** L'histoire est là.

LE PROSCRIT

DE VENDÉMIAIRE AN IV.

———

Dans ces temps désolés, jours de longues misères,
A qui dois-je conter ma peine et mes tourmens ?
Voudrez-vous les entendre, échos, bois solitaires ;
Ne trahirez-vous pas mes douloureux accens ?
Est-ce au milieu de vous, forêts silencieuses,
Que je dois retrouver le charme du repos ?

Mais !... quel bruit vient troubler vos ombres généreuses !
Qu'entends-je ? Dans ces lieux nos farouches bourreaux,
Assassins dévorans de leurs faibles victimes,
Vont-ils vous rendre aussi les témoins de leurs crimes ?...
Une vaine terreur a frappé mes esprits.....
Un vaste étang, gonflé par des sources nombreuses,
Épanche, en murmurant, ses eaux majestueuses.
O vous, antres profonds, sourds et tristes abris,
Qui m'offrez le secours de vos réduits tranquilles,
N'allez pas demander quel horrible malheur
Porte mes pas tremblans sous vos sombres asiles !
Votre morne silence adoucit ma douleur.

Mais dans mon désespoir comment saurai-je taire
Les forfaits monstrueux qui ravagent la terre ?
Accablé sous l'ennui qui dévore mon cœur,
Traînant avec dégoût ma pénible existence,
Qu'aurai-je à craindre encor des tyrans de la France ?

Hélas ! j'ai vu ces lieux, brillant séjour des arts,
Où des peuples jadis se portaient les regards,
Où domine aujourd'hui l'insolente licence,
Qui de son joug de fer décime l'innocence,

Où, rois par la terreur, de vils ambitieux *,
D'un vain mot, liberté! couvrant leurs injustices,
Écrasent, sous le poids de leurs sanglans caprices,
Quiconque n'est outré ni barbare comme eux ;
Et sous de faux dehors adroits à se répandre,
Étouffent la vertu qu'ils feignent de défendre.
Pour eux le noble honneur est un crime odieux :
Plus un forfait est grand, plus l'acte est vertueux.

J'ai vu ce proconsul, artisan d'imposture **,
Dont l'horrible existence accuse la nature;
Tyran des volontés, dont les opinions
Triomphent par le fer et les proscriptions;
Qui du peuple opprimé se proclamant le père,
Par un luxe insultant outrage sa misère.

J'ai vu ce renégat ***, Tartufe criminel,
Autrefois engraissé des trésors de l'autel,

---

* Les meneurs de la Convention.

** Les commissaires de la Convention.

*** Ce ne fut pas Gobet, mais un autre prêtre, qui vint déclarer à la barre qu'il avait été un hypocrite pendant soixante ans, etc., etc.

Trahissant aujourd'hui l'autel et la patrie,
Couvrir l'une de sang et l'autre d'infamie;
Et bravant à-la-fois la honte et le mépris,
Dans son impiété, sacrilége sectaire,
Du plus lâche athéisme à son siècle surpris,
Faire avec impudeur un aveu téméraire.

J'ai vu ce noir séjour*, ce sombre comité,
Où préside la mort, où s'inventent les crimes,
Dont chaque jour l'arrêt, par la rage dicté,
Lance vers l'échafaud des milliers de victimes.

J'ai vu cette caverne où siégent les fureurs**,
Où la discorde impie a fixé son empire,
Où, sans ordre entassés, d'effrontés novateurs,
Ridicules Brutus, dans leur affreux délire,
D'utiles préjugés hideux réformateurs,
Fabriquent ces décrets, organes de carnage,
Monstrueux canevas qu'ils appellent des lois;
Offrant à l'univers l'épouvantable image
De l'enfer déchaîné dans le palais des rois.

* Comité de salut public et de sûreté générale.
** La Convention.

J'ai vu tous ces bourreaux, ignobles politiques,
Exhaussés sur les maux qu'à la France ils ont faits,
Envahisseurs tremblans de pouvoirs anarchiques,
Et qui vont l'écrouler sous de nouveaux forfaits.

J'ai vu... partout leur rage ensanglanter la terre !
Et pour fuir à mon tour leur absurde colère,
Au fond de ces forêts j'ai cherché le repos.
Là, je puis loin du crime et de ses noirs complots,
De nos jours malheureux déplorer la misère,
Et, sous l'ombre des bois témoins de mes sanglots,
Du lamentable état de la France mourante
Tracer en soupirant la peinture effrayante.
Triste présage, hélas ! de ses futurs destins !....

Mais tandis qu'à leur cours j'abandonne mes larmes,
Quel malheur vient encor irriter mes chagrins,
Et porter à mon cœur de nouvelles alarmes ?....
Laissant dans la douleur tes modestes foyers,
Tu cherches comme moi des toits hospitaliers,
Tu fuis, mon père, ô toi, dont l'âme franche et pure
Ne fut jamais soumise au joug de l'imposture ;

Toi, qu'on a toujours vu loin de l'ambition,
Vivre seul, étranger à toute faction,
Et du peuple fuyant la faveur passagère,
Mépriser du renom la trompeuse chimère;
Qui, de l'humanité l'ami ferme et constant,
Sur la patrie en deuil verses des pleurs sincères,
Plains de ses longs tourmens les auteurs sanguinaires,
Et d'un long repentir attends leur châtiment.

Pour épargner un crime à leur sombre démence,
De leurs affreux regards tu soustrais l'innocence,
Tu fuis : ah ! puisses-tu pour des temps plus heureux
Conserver aux Français un mortel vertueux !

Mais à notre infortune opposons l'espérance;
Il est un terme à tout : les succès du méchant
Comme un rapide orage ont l'effet du moment.
Le jour viendra sans doute, où lassé de leurs crimes,
Le ciel, sur nos bourreaux déployant son courroux,
Voudra venger enfin le sang de leurs victimes;
O mon père ! ils seront plus à plaindre que nous !

. . . .

Mais sous les étendards de hideuses maximes,
S'il faut voir triompher de coupables erreurs,
Et si, pour réjouir leurs brutales fureurs,
La hache doit encore égorger l'innocence,
Sans faux courage alors, mais au moins sans pâlir,
Avec quelques regrets, mais sans honteux désir,
Ils me verront entendre et subir ma sentence.

Puisse enfin mon trépas, devenant un bienfait,
Être leur dernier tort et leur dernier forfait!

FIN.

www.ingramcontent.com/pod-product-compliance
Lightning Source LLC
Chambersburg PA
CBHW060927050426
42453CB00010B/1888